COLLECTION DE MÉMOIRES

SUR DIVERS

INSTRUMENTS DE CHIRURGIE

INVENTÉS

PAR LE DOCTEUR A^{te} COLLIN.

Avec deux planches.

Nova semper artis vel industriæ miracula.

A PARIS,

Chez BAILLIÈRE, Libraire, rue de l'École-de-Médecine, et à LONDRES, même Maison, Régent Sreet.

1846

COLLECTION DE MÉMOIRES

SUR DIVERS

INSTRUMENTS DE CHIRURGIE

INVENTÉS

PAR LE DOCTEUR A^{te} COLLIN.

Avec deux planches.

*Nova semper artis vel
industriæ miracula.*

A PARIS,

Chez BAILLIÈRE, Libraire, rue de l'École-de-Médecine, et à LONDRES,
même Maison, Régent Sreet.

1846

Impr. Chassaignon, rue Git-le-Cœur, 7.

Pessaire dilatable.

Les pessaires, dont l'invention semble remonter aux temps les plus reculés de l'histoire grecque, n'ont pas reçu, depuis cette longue succession de siècles, de notables améliorations; c'est toujours, ou à peu-près, quant à la forme le Νεσσός des Grecs, ou petite pierre; moyen grossier qui rappelle les âges où les arts n'étaient encore que dans leur enfance.

Il est loin de notre pensée cependant, de rejeter, d'une manière absolue, les différentes variétés de pessaires que l'arsenal chirurgical renferme aujourd'hui : plusieurs d'entre eux, nous nous empressons de le reconnaître, méritent d'être conservés dans la pratique; et si notre jugement n'est pas téméraire, nous ne trouvons que le pessaire à point d'appui extérieur de M. Auphan et l'elytroïde de M. J. Cloquet qui soit de ce nombre.

Le pessaire de M. Auphan est le seul qui prenne ses points d'appui extérieurement à l'aide d'un ressort comme le font les Brayers ordinaires; c'est-à-dire sur la zône osseuse qui constitue le bassin.

Une tige métallique, au besoin mobile, formée en partie d'un ressort spiral, descend perpendiculairement au-devant des pubis, puis en se recourbant d'avant en arrière, pénètre dans le canal vaginal où elle se termine en cupule pour recevoir le col utérin. Aucun trouble fonctionnel de la vessie et du rectum ne paraît résulter de son emploi, mais il est à regretter que sa première application, qui est en quelque sorte un ajustement mécanique, ne soit pas d'une plus grande facilité, et que son prix, qui dépasse de beaucoup celui des pessaires ordinaires, soit loin d'être à la portée de tous les malades. Quoiqu'il en soit, ce pessaire paraît avoir déjà rendu de très grands services à son auteur.

Le pessaire élytroïde de M. Cloquet représente comme son nom l'indique, le moule exact et interne du vagin distendu, concave en avant, convexe en arrière, pour s'accomoder aux semblables courbures de la vessie et du rectum. Ce pessaire est perforé dans son grand diamètre qui varie de deux à quatre pouces, d'un trou évasé vers le haut qui le rend plus léger et permet au col utérin de s'y placer et de laisser libre le cours du flux menstruel.

Ce pessaire est maintenu en place par la résistance que lui opposent le périnée et les parois vaginales qui le pressent latéralement.

Mais il s'en faut que l'ingénieuse théorie qui a servi de base à la construction de cet instrument, réponde d'une manière toujours satisfaisante aux expériences pratiques; et, sans parler des douleurs qu'il produit quand il franchit la vulve lors de son introduction, il a le fâcheux inconvénient de comprimer tout aussi dangereusement le rectum et la vessie que les pessaires en gimblette ou en bondon, quand surtout l'amplitude du vagin, résultat ordinaire de plusieurs parturitions, a obligé de recourir à un élytroïde d'un volume assez considérable pour contenir l'utérus, dont la seule pesanteur suffirait pour qu'il s'échappât du vagin.

Comme tous les autres pessaires qu'on abandonne pendant des mois entiers dans le canal vaginal, il se recouvre fréquemment d'incrustations calcaires, qui enflamment violemment et ulcèrent les parois de cet organe, qui se perforent et donnent naissance à des fistules du rectum ou de la vessie, aussi dangereuses que dégoûtantes pour les malades.

Il me resterait à parler encore des pessaires en gimblette oblongs et de celui en bilboquet de Désormaux.

Le premier de ces deux instruments doit ses avantages à sa forme ovalaire, qui permet à la vessie et au rectum leurs libres fonctions ; mais, à côté de cette précieuse qualité, se trouve l'extrême difficulté de son application ; puis presque toujours il advient, qu'après avoir été placé convenablement,

il se retourne dans le vagin de manière que son grand diamètre devient parallèle à l'axe vaginal, et que l'une de ses
extrémités, dirigée en haut, blesse le col de l'utérus, tandis que
l'autre se porte vers l'orifice vaginal, d'où il s'échappe sous
l'influence des efforts de la mixtion et de la défectation.

Quant au pessaire en bilboquet de Déçormaux, il ne blesse
pas la vessie ni le rectum, lorsqu'il se réduit à un petit volume,
mais le bandage qui le soutient gêne pendant la marche, dans
la station assise et par le frottement incessant contre les mu-
queuses qu'il enflamme plus ou moins.

De cet examen sommaire, il résulte que parmi les instruments actuellement employés à combattre les procidences de
l'utérus, il n'en est point, à part celui de M. Auphan, que l'expérience n'ait signalé comme infidèles et dangereux. C'est
bien convaincu des nombreux et graves inconvénients qui
résultent de l'emploi des divers pessaires dont nous venons de
parler, que nous recherchâmes, il y a quatre ans, s'il était possible d'apporter quelques améliorations dans la construction de
ces instruments. Après un mûr examen de leurs avantages par-
ticuliers, nous reconnûmes bientôt qu'en combinant le pessaire
en gimblette ovalaire au pessaire en bilboquet, nous atteindrions
heureusement le but depuis si longtemps cherché : mais cette
disposition rendant impossible son introduction dans le vagin,
nous dûmes dès lors articuler les deux extrémités horizontales
du pessaire ovalaire à la tige centrale du pessaire en bilboquet,
afin de le réduire au volume exigu de la cupule de ce dernier.

Maintenant, résumant les propriétés de notre pessaire dilatable, nous trouvons qu'il maintient non seulement l'utérus
relevé et dans l'état normal : 1° par l'action vermiculaire des
parois ridées du vagin ; 2° par l'étendue de ses surfaces ; 3°
par le point d'appui résistant que lui offre le périnée qui ne
cesse d'agir directement de bas en haut sur ses branches métalliques inférieures ; mais encore qu'il ne comprime ni la
vessie, ni le rectum; qu'il peut être retiré et placé avec la
plus grande facilité par les malades elles-mêmes, lorsque les

soins de propreté le demandent, ou que sa pudeur répugne à cette application de la part d'un médecin.

La description graphique que nous en donnons dans les planches qui sont à la fin de cet ouvrage, fera comprendre la théorie de notre pessaire et mettra à même le lecteur de juger de sa valeur.

Pour procéder à son application, on saisit entre le pouce et l'index de la main droite les branches métalliques inférieures, et de la gauche le fil de soie ; puis on présente obliquement à la vulve la cupule du pessaire, afin de favoriser son introduction ; aussitôt qu'on a rencontré le museau de tanche, on abandonne les branches que nous venons de citer pour saisir le tube vers sa partie inférieure, et le pousser ensuite d'arrière en avant, faisant point d'appui de la main gauche avec le fil de soie, le bouton ressort, prend immédiatement sa place, et le pessaire, en distendant la membrane vaginale, demeure invariablement fixé. Pour le sortir, il suffit de presser sur le bouton ressort ; les membranes qui le soutenaient le pressent et favorisent promptement sa sortie, que l'on peut rendre plus facile encore par de légères tractions d'avant en arrière. *

Ciseaux articulés à section diagonale.

Le perfectionnement que le savant Percy a apporté à la construction des ciseaux employés en chirurgie, a fait abandonner les formes bizarres et incommodes qu'on donnait autrefois à ces instruments ; mais cette utile modification n'a porté que sur la forme des branches et la place des anneaux, sans ajouter la plus faible amélioration à l'action vicieuse de leurs lames.

Tout le monde sait aussi bien que nous les reproches fondés qu'on adresse aux ciseaux ordinaires qui sont de *fuir la*

---

* Voir le bulletin de l'Académie royale de Médecine, tome ix, page 3.

coupe, de pincer douloureusement les tissus sensibles, de les contondre même et de retarder par là, la réunion des plaies qu'ils produisent. Louis et d'autres chirurgiens célèbres voulaient les proscrire de la pratique chirurgicale, convaincus des inconvéniens graves que nous venons de leur reprocher; leur réhabilitation, ou plutôt leur tolérance dans le domaine chirurgical, vient de l'impossibité qui n'était qu'apparente toutefois, de leur substituer dans la diérèse un instrument meilleur.

Occupé depuis quelque temps de mécanique, nous avons cherché à rendre plus utile cet instrument si défectueux et nous sommes arrivés enfin à construire des ciseaux qui coupent diagonalement et en sciant comme le font le bistouri et tous les instruments tranchants simples, destinés aux solutions de continuités linéaires.

On conçoit, d'après ce simple énoncé, que la division opérée par nos ciseaux, à section diagonale, devra être notablement moins douloureuse et plus franche, plus facile, réclamant moins d'efforts de pression.

Ajoutons à cela que la disposition particulière de nos ciseaux, leur permet de couper dès la naissance de leurs lames; ce que ne font point les autres ciseaux, qui ne divisent que vers la partie moyenne de leurs tranchants; c'est-à-dire, en d'autres termes, qu'ils *fuient la coupe*.

Dans la division des parties molles, l'expérience nous a démontré qu'il existait la plus grande parité entre l'action de nos ciseaux et celle du bistouri.

Ce dernier sans doute présente un tranchant plus aigu que ne le sont les lames de nos ciseaux, mais leur double action de scie doit équivaloir aux résultats produits par la lame simple du bistouri le mieux acéré.

Ce ne sont pas seulement les ciseaux à lames droites qui soient susceptibles de recevoir le perfectionnement que nous venons d'indiquer. Tout en général, quelle que soit la forme, la direction des lames et de leurs branches pourront être construits d'après ce principe.

Les nombreux essais auxquels nous avons soumis nos ciseaux et les témoignages honorables de nos savants confrères, nous ont pleinement convaincus que la chirurgie en obtiendra les plus grands avantages, et que les malheureux malades qui en supporteront l'application souffriront considérablement moins, que s'ils eussent éprouvé l'action contondante des ciseaux précédemment employés dans l'art chirurgical.[*]

Aiguille double à cataracte.

Il faut avoir pratiqué un grand nombre d'opérations de cataractes par abaissement pour pouvoir apprécier la nature des difficultés qu'elle présente dans ses manœuvres, attendu qu'il est rare que l'opérateur rencontre de prime abord ces adhérences de l'uvée aux membranes cristallines et aux procès ciliaires, que l'aiguille la plus habilement conduite ne peut souvent détruire sans lésions profondes de l'iris ou du cercle ciliaire.

Ces difficultés que l'opérateur le plus dextre même ne peut vaincre constamment, naissent de la forme des aiguilles à lance ordinaire, que leur peu de surface rend impuissantes à détruire les parties opaques ou non du système lenticulaire de l'œil.

C'est donc encore à l'instrument qu'il faut s'en prendre ici, car il est facile de comprendre que la translucidité des membranes qui subsiste dans les cataractes capsulaires, devra être un obstacle constant au succès de l'opération par abaissement, toutes les fois que l'aiguille n'aura pas poussé devant elle l'appareil cristallinien tout entier. La membrane cristalline, restée transparente, n'a le plus souvent cédé à l'ef-

[*] Nota. Voir le second volume du Traité chirurgical, publié en ce moment 1846, par M. le professeur Lisfrand, chirurgien en chef de l'hôpital de la Pitié.

fort de pression de l'aiguille que par une rupture qui a permis à la lentille oculaire de passer entière ou par fragment, et après un temps plus ou moins long, la réunion des lambeaux s'opère : l'opacité survient et constitue ainsi une cataracte secondaire qu'il faut opérer une seconde fois.

Mais faut-il suivre l'exemple de quelques oculistes qui pour détruire entièrement le système membraneux du cristallin, et afin de prévenir la formation des cataractes secondaires, ne craignent pas d'imprimer à l'aiguille qui vient de déprimer la cataracte, un mouvement inconsidéré de circumduction, qui détruit à la fois et les vacuoles du corps hyaloïde et la couronne ciliaire dont la lésion est une des causes probantes des amauroses traumatiques.

Sans employer cette méthode dangereuse, nous croyons avoir triomphé des difficultés que nous venons de signaler en créant une aiguille double qui devient simple au besoin, pour pénétrer ou sortir du globe oculaire ; c'est vers sa pointe que le dédoublement s'opère par une demi-rotation, de manière à embrasser les deux tiers internes du cristallin. Un mécanisme très simple produit cette bifurcation et se trouve entièrement soumis à la volonté de l'opérateur. La tige de l'aiguille ne change pas de volume et ne peut tirailler les portions qu'elle traverse. Pour pratiquer l'opération de la cataracte avec notre aiguille double, on dispose le malade comme pour l'abaissement ordinaire ; l'opérateur saisit l'instrument comme une plume à écrire, en appuyant le pouce sur le bouton qui fait saillie vers la virole de l'instrument dont il abaisse le manche, de manière à former avec le plan médian un angle de 45° : il présente ensuite la pointe de l'aiguille perpendiculairement à la sclérotique, à une ligne environ du grand cercle de l'iris et un peu au-dessous de son diamètre transverse ; puis il pousse dans ce sens, jusqu'à ce qu'une résistance vaincue l'avertisse qu'il a traversé la sclérotique et qu'il est arrivé dans la chambre postérieure, où il continue d'engager son aiguille jusqu'à ce qu'il en découvre la pointe derrière la pupile. Là l'opérateur relève avec son pouce le bouton que nous avons indiqué plus haut, alors la lame mobile et supérieure de l'aiguille dont la pointe est dirigée en bas, décrit un petit arc de cercle pour se porter en haut et dessiner un V. L'aiguille ainsi placée, embrasse, comme nous l'avons déjà dit, les deux tiers internes du cristallin. L'opérateur, par un mouvement combiné, relève le manche de l'instrument vers la tempe en le dirigeant vers la ligne médiane.

On pourrait se dispenser de diviser la capsulaire antérieure avant ce temps de l'opération. L'aiguille double en déchirant un lambeau d'une étendue de deux lignes au moins, y comprend aussi et du même coup la membrane capsulaire postérieure et la membrane hyaloïde qui échappent le plus souvent à l'aiguille ordinaire. Le cristallin et ses annexes s'engagent alors dans le corps hyaloïde à son bas fond et en dehors où il faut les maintenir deux minutes afin de permettre à ce corps liquide de reprendre la place occupée par la lentille cristalline. Aussitôt après cette manœuvre, la pupille devient noire et pure, et par un mouvement inverse au précédent, l'opérateur vient montrer son aiguille à la pupille pour la fermer en abaissant le bouton qu'il avait relevé; il la retire ensuite dans le sens contraire à celui de son introduction.

Dans la kératonyxie, on peut aussi, avec d'énormes avantages, employer notre aiguille double qui enlève constamment une portion suffisante des membranes cristalline et hyaloïde pour prévenir les cataractes secondaires.

Aux propriétés déjà énoncées de notre aiguille, nous devons ajouter que l'inflammation consécutive à son emploi, n'avait jamais la même gravité qu'avec les aiguilles ordinaires; ce qui semble s'expliquer par la simplicité de son jeu manuel qui se réduit à deux temps principaux, tandis que les instruments ordinairement employés dans l'abaissement ne peuvent saisir (manquant de point d'appui) les portions du cristallin, qui nagent, pour ainsi dire, au milieu de l'humeur aqueuse, et détacher les lambeaux flottants et encore adhérants des membranes cristallines contre lesquelles ils glissent presque constamment.

Ces différentes manœuvres amènent incontestablement des désordres inflammatoires plus graves qu'ils ne l'eussent été, si l'opération avait présenté moins de complication.

Dupuytren avait supposé qu'en supprimant la crête obtuse de l'aiguille de Scarpa, il parviendrait à empêcher la division intempestive du cristallin (hors le cas de liquidité de cet organe), dans l'abaissement en masse de la cataracte. Nous nous étonnons que ce célèbre chirurgien ait pû témoigner une telle crainte, car la crête obtuse que présente l'aiguille de Scarpa, dont l'angle est de 120 degrés, est impuissante à diviser un corps un peu résistant et qui manque d'appui solide. Nous, au contraire, nous reconnaissons dans l'aiguille du médecin de Pavie l'avantage de ne pas glisser sur le cristallin, de favoriser ainsi sa dépression au fond de l'œil, et de posséder par là une des propriétés de l'aiguille double dont nous venons de parler.

Autotome oculaire.

De nos jours les opinions n'étant plus divisées sur la valeur respective des différents modes opératoires employés dans lo traitement chirurgical de la cataracte, nous allons examiner successivement si les divers instruments dont les oculistes modernes se servent habituellement dans l'extraction, ne sont pas susceptibles de quelque perfectionnement.

Après avoir soumis à des expériences comparatives les deux kératotomes simples qui sont restés dans la pratique, nous avons reconnu que le couteau de Richeter, modifié par Beer, était de beaucoup préférable au kératotome de Wenzel: 1° par la forme pyramidale de sa lame qui permet d'achever plus nettement la section du lambeau cornéal; 2° parce que remplissant plus exactement l'incision dé la cornée, il ne permet point aux humeurs de l'œil de s'échapper, et n'expose aucunement la cornée à des tractions dangereuses.

Le kératotome de Wenzel, entaché de tous ces vices, n'est guère employé aujourd'hui que quand il s'agit d'ouvrir la cornée dans une petite étendue, comme dans l'empyème de l'œil, l'opération de la pupille artificielle, etc. Mais une main habile peut quelquefois avec le temps effacer ses imperfections et en faire un instrument, d'un emploi aussi facile que celui de Beer.

Cependant le plus parfait de ces kératotomes est encore d'un usage difficile, malgré l'heureuse forme de sa lame ; dans la combinaison des temps de ponction et de contre-ponction, etc., sans lésion de l'iris ou de la cornée, en font un instrument qui laissait à désirer un perfectionnement.

Cette opinion que nous partageons avec plusieurs oculistes, nous a engagé dans la même voie que Guérin de Bordeaux, de Dumont et M. Guépin de Nantes, espérant triompher des difficultés que présente l'opération de la cataracte par extraction.

Cependant nous ne prétendons pas vouloir réhabiliter ici les divers instruments à détente de ces oculistes, le temps en a fait justice, nous voulons seulement rappeler les particularités de leur construction pour que le lecteur, après comparaison, apprécie la juste valeur de notre autotome oculaire.

Le cyclotome de Guérin, le premier des instruments de ce genre, est composé d'un anneau qui reçoit la cornée transparente ; cet anneau qui sert d'ophthalmostat, est fixé à une boîte oblongue avec laquelle il forme un angle de 90°. Dans cette boîte est renfermé un ressort qui met en jeu une lame en forme de lancette allemande, qui passe rapidement au-devant de l'anneau et divise en une fraction de seconde la moitié inférieure de la cornée ; une détente qui fait saillie en dehors de la boîte sert à faire partir la lame. Le corps de cet instrument est dirigé vers l'opérateur, tandis que l'anneau s'applique sur la cornée.

Dans le kératotome de Dumont, l'anneau et le corps de l'instrument sont sur le même plan : une lame semblable au couteau de Wenzel passe au-devant de l'anneau qui s'appuie sur la cornée en fixant le globe oculaire, et, par un mouvement analogue au cyclotome de Guérin, la section se fait sans permettre à l'œil le moindre mouvement.

Le couteau de M. Guépin représente un tube aplati dans lequel glisse le manche et la lame du kératotome qui ressemble assez au couteau de Wenzel. Lorsqu'on veut pratiquer l'extraction, on saisit entre le pouce et le médius, le tube aplati qu'on présente perpendiculairement au globe oculaire, tandis que l'extrémité du manche qui sort du tube d'une longueur égale à la lame s'applique à la pulpe du doigt indicateur qu'on a mis dans une extension forcée ; on fléchit ensuite ce doigt qui pousse devant lui le manche et la lame qui le suit. Le kératotome, ainsi mis en action, taille le lambeau cornéal comme le font les autres couteaux à cataractes. L'opérateur qui n'aurait jamais fait fonctionner sur le malade ou le cadavre les instruments de Guérin et de Dumont, pourrait s'abuser et croire qu'ils ont d'importants avantages, surtout en examinant la prestesse de la course de leurs lames qui incisent la cornée en un moment indivisible, avant que l'humeur aqueuse n'ait eu le temps de s'échapper, et l'iris de se présenter au tranchant de l'instrument.

Ces accidents sont du reste assez rares, et l'action brusque de ces kératotomes détermine souvent la contraction des muscles moteurs du globe oculaire et la sortie des milieux de l'œil, lorsqu'ils ne labourent pas les lames de la cornée, qu'une courbure faible ou l'atrophie de celle-ci provoquent fréquemment ; de plus, on a vu plusieurs fois, le cyclotome de Guérin rester suspendu à la cornée qu'il n'avait qu'incomplètement divisée.

Le kératotome de M. Guépin, d'une application laborieuse, comme on a pu s'en convaincre par la description que nous venons d'en donner, ne fait qu'ajouter par sa complication aux difficultés que présentent dans leur manuel les kératotomes simples, qu'on tient mieux et plus solidement avec le pouce, l'indicateur et le médius réunis en faisceaux. L'habitude même ne suffit pas pour vaincre complétement ces graves inconvénients, que ne compensent ni la forme de sa lame ni sa mobilité.

Le principe de notre autotome oculaire repose en partie sur la construction du canif à coulisse, que tout le monde connaît, mais a de plus un ressort en spirale placé au fond de son manche et qui fait mouvoir la lame dans une étendue de trois centimètres. Le bouton que présente le canif à coulisse ordinaire, est remplacé dans notre autotome par une pièce de métal étroite et de quatre centimètres de longueur qui remplit les mêmes fonctions que lui, et est destiné en outre à modifier la vitesse de la lame qui reçoit l'impulsion du ressort par la pression plus ou moins forte qu'exerce dessus le pouce de l'opérateur.

La lame de notre autotome ne diffère en aucune manière du couteau de Richeter perfectionné par Beer, et sort du manche comme les kératotomes simples, et peut même au besoin être employé comme eux.

Pour pratiquer l'extraction de la cataracte avec ce kératotome, on le saisit entre les doigts comme une plume à écrire, en prenant le soin de placer la pulpe du pouce sur le bouton oblong, sans toutefois y exercer une forte pression qui dégagerait le ressort et ferait marcher intempestivement la lame.

On présente ensuite le kératotome ainsi placé entre les doigts perpendiculairement au globe de l'œil, à la réunion de la cornée à la sclérotique, et un peu en dedans, et au-dessus de son diamètre transverse. Après avoir fait pénétrer la pointe du couteau dans la chambre antérieure, on rapproche son manche vers la tempe du malade, jusqu'à ce qu'il soit devenu parallèle au plan antérieur de l'iris; les deux derniers doigts prennent dès lors un point d'appui sur la région zygomatique, on presse ensuite avec le pouce sur le bouton oblong qui se dégage de son arrêt, et la lame marche immédiatement de dehors en dedans aussi rapidement que le désire l'opérateur, une pression plus ou moins forte exercée sur le bouton règle la course du kératotome qui doit augmenter de vitesse après que la contre-ponction de la cornée a été opérée.

On termine le reste de l'opération comme avec les kératotomes ordinaires.

Si nous analysons maintenant les différentes phases de l'opération par extraction, nous trouvons qu'en employant le kératotome de Beer, par exemple, le mouvement de dehors en dedans, imprimé à cet instrument, est sans contredit le plus difficile de tous; en effet, la moindre déviation de la main qui opère, amène les plus grands désordres, lorsque l'iris vient se présenter au tranchant du couteau, ou bien que la pointe de cet instrument atteint trop tôt la cornée dont le lambeau trop court ne peut permettre au cristallin de s'échapper avec liberté.

Avec notre autotome au contraire, ce temps si difficile, et le seul je le répète qui rende si ardue cette opération, se produit sous la seule influence de la volonté de l'opérateur, et sans remuer aucunement la main armée du kératotome. Le ressort spiral dont nous avons parlé supplée à ce mouvement de dehors en dedans avec un bonheur qui rend l'opération de la cataracte toujours facile et brillante, du moins dans les résultats immédiats; les résultats consécutifs obtenus dans les opérations chirurgicales étant toujours subordonnés à la constitution plus ou moins vulnérable du malade, à sa docilité et aux soins intelligents qu'il reçoit.

Dilatateur de l'urètre à branches parallèles.

Deux méthodes curatives ont été employées avec des succès divers pour rendre à l'urine son libre cours : 1º la dilatation ; 2º la destruction de l'obstacle à l'aide des caustiques ou des instruments tranchants.

De ces deux méthodes, la première, la seule qui doive nous occuper ici, emploie différents instruments qui rendent cette dilatation ou lente ou prompte.

La dilatation lente s'opère à l'aide de sondes élastiques, dont on augmente graduellement le volume jusqu'à ce qu'on ait rendu à l'urètre son calibre normal. Ce mode de traitement, par la dilatation lente, demande deux ou trois mois de durée et souvent davantage. A ces lenteurs désespérantes pour les malades, se joignent fréquemment des inflammations graves des testicules, des ganglions inguinaux, du canal de l'urètre, des érections douloureuses, des hématuries, etc., et lorsque le bec de la sonde qui plonge dans la vessie vient à s'incruster de concrétions calcaires, on voit bientôt le contacte de ce corps étranger produire des cystites violentes et des perforations; et dans les cas où ce sombre cortége n'accompagne pas le traitement des rétrécissements de l'urètre par la dilatation lente, la sonde qui reste à demeure dans la vessie, gêne les malades dans la progression et s'oppose à ce qu'ils se livrent à leurs occupations.

La dilatation prompte se fait avec des sondes de métal d'un grand diamètre, dont l'extrémité vésicale est de forme conique; avec ces sondes on parvient en effet, avec la violence, à franchir les obstacles qui s'opposent à la sortie des urines; mais lorsqu'on ne déchire pas la muqueuse de l'urètre, on transperce parfois la vessie et le rectum dans cette manœuvre hardie, comme il est arrivé une fois à un chirurgien d'une grande célébrité.

Pour se soustraire aux inconvénients redoutables que nous venons de signaler, il fallait trouver un moyen qui conciliât les deux méthodes opératoires de la dilatation lente et de la dilatation prompte ou forcée, dont les principes sont bons et doivent être conservés.

Après quelque temps de recherches et d'expérimentations, nous avons reconnu qu'il suffisait de construire une sonde qui pût, à la volonté de l'opérateur, se dilater partiellement du manière à n'agir que temporairement sur les points rétrécis du canal pour atteindre ce but.

Déjà, nous le savons, on a imaginé un grand nombre de dilatateurs de l'urètre, mais le peu de sécurité qu'ils offraient à cause des ressorts multipliés et fragiles dont ils étaient composés, les a fait depuis longtemps tomber dans le plus juste oubli.

Le dilatateur que nous avons imaginé nous semble réunir tous les avantages qu'on doit attendre d'un semblable instrument ; il est formé de deux éléments demi-ronds, qui, mis en rapport immédiat, constituent une tige cylindrique. Ces deux éléments ou branches coïncident dans toute leur étendue et offrent la disposition de deux lignes droites brisées et parallèles. Une vis à filets très rampants, placée à l'une des extrémités des deux branches, fait glisser, quand on lui imprime un mouvement de rotation, un des éléments sur l'autre qui est immobile, de manière à produire un écartement vers la brisure des lignes qui devient aussi étendu que le désire l'opérateur.

Le diamètre de ce dilatateur se réduit à deux millimètres environ, ce qui permet de l'engager dans les plus étroits rétrécissements.

Mode opératoire.

Après avoir préalablement reconnu le siége du rétrécissement, ce qui se fait avec une sonde exploratrice, on procède à l'introduction du dilatateur.

Le malade étant debout ou couché sur le bord de son lit, on saisit le pénis de la main gauche qu'on relève et on engage de la main droite le bec du dilatateur enduit de cérat ou d'huile dans le méat urinaire ; puis on le pousse doucement en allongeant le pénis avec la main gauche. Arrivé sous l'arcade pubienne, on abaisse la verge de manière à porter le bec du dilatateur dans le col vésical, on continue de pousser avec ménagement, et dès qu'on a traversé le rétrécissement, la main gauche abandonne le pénis pour saisir l'anneau de l'instrument, tandis que de l'autre main on tourne la vis de droite à gauche jusqu'à ce qu'on ait parcouru un des degrés de l'échelle tracée sur une des branches. On peut même parcourir plusieurs degrés si le malade n'accuse pas de douleurs considérables. On laisse la sonde, ainsi dilatée, vingt minutes en place le premier jour, afin de ne pas fatiguer le malade.

Pour retirer de l'urètre le dilatateur, on détourne la vis de rappel pour rendre à la sonde le volume qu'elle avait lors de son introduction.

On pourra répéter plusieurs fois par jour cette opération, si l'irritabilité du canal malade ne s'y oppose pas.

Les diverses applications de notre dilatateur nous ont convaincu que la dilatation temporaire qu'il produit, était le plus sûr et le plus rapide traitement à opposer aux rétrécissements de l'urètre.

Pupille artificielle, aiguille emporte-pièce.

L'incertitude qui règne encore aujourd'hui sur le choix d'une méthode opératoire applicable à l'établissement de la pupille artificielle, vient de l'imperfection des instruments que l'on a proposés pour combattre cette affection.

Les indications à remplir dans la maladie qui nous occupe, font pressentir la nécessité d'enlever à l'iris un lambeau d'une dimension suffisante, afin de permettre à la lumière d'arriver librement jusqu'à la rétine et de diminuer autant que possible l'étendue de la plaie nécessaire à cette opération : telle est au reste la base sur laquelle s'appuie *le principe de notre aiguille emporte-pièce*, que notre expérience a jugée préférable à tous les autres instruments.

Si maintenant nous examinons les quatre méthodes principales employées jusqu'ici pour combattre l'atrésie de la pupille, nous verrons : 1º que l'iridiotomie tentée pour la première fois par Cheselden, son auteur, et qui consiste à faire à l'iris une division simple au cruciale, en pénétrant par la sclérotique, est rarement suivie d'un heureux succès. Les bords de la plaie ne tardent pas ordinairement à se réunir et à fermer de nouveau l'issue nécessaire au passage des faisceaux lumineux. La 2º méthode, ou l'iridectomie qui nous vient de Reichembach, manque d'instruments propres à la pratiquer. Elle consiste, comme on sait, dans l'excision d'une portion de l'iris ; mais, je le répète, l'imperfection des instruments dont on se sert dans cette opération en tiraillant l'iris et la cornée, produisent presque toujours des accidents inflammatoires graves dont on peut prévoir facilement les tristes conséquences.

La 3ᵉ méthode corédialysis ou iridiodialysis, que Scarpa et Chmidt ont proposée en même temps, n'est pas plus heureuse dans ses résultats. L'iris, décollé par son grand cercle, s'enflamme souvent avec intensité, ou reprend sa situation naturelle, et le chirurgien intéresse souvent dans cette opération le cercle ciliaire qui est contigu au diaphragme oculaire ; aussi Scarpa et la plupart des médecins de son école l'ont-ils abandonnée.

Assalini qui voulut perfectionner la corédialysis en excisant la portion de l'iris qui venait d'être décollée, n'eut pas plus de succès que ses devanciers. Cette quatrième méthode est tombée dans l'oubli et ne figure plus aujourd'hui dans les traités de pathologie que comme souvenir.

Notre aiguille emporte-pièce est formée d'une lame en forme de lance et présente vers son milieu une ouverture circulaire qui reçoit l'extrémité d'une branche articulée qui sert d'emporte-pièce et qu'un petit ressort maintient toujours ouverte : voy. pl. II fig. 1. Il suffit de presser avec le doigt sur la partie de cette branche qui est rapprochée de la virole du manche et qui ressemble à une clé de flûte pour opérer la section.

Mode opératoire.

On saisit l'aiguille emporte-pièce entre le pouce, l'indicateur et le médius, (le premier de ces doigts appuyé sur la branche mobile) qu'on présente perpendiculairement à la réunion de la cornée à la sclérotique ; on traverse la cornée et on ramène ensuite vers la tempe le manche de l'aiguille qui doit former en avant un angle très obtus avec le plan antérieur de l'iris. On continue ainsi à faire marcher l'aiguille qui vient bientôt rencontrer l'iris vers son centre qu'on traverse alors de part en part, et un peu obliquement, jusqu'à ce que le bord antérieur de l'incision soit arrivé vers l'emporte-pièce qu'on soulève pour laisser l'iris s'engager entre cette sorte de pince. On rapproche la branche de la tige de l'aiguille pour opérer la section qui se fait ordinairement d'un seul coup; on retire alors l'aiguille, qui tient pincé le lambeau. Une ouverture circulaire d'une ligne environ de diamètre, se montre alors au milieu de l'iris. On abaisse la paupière supérieure et on panse le malade comme après l'opération de la cataracte, ou après les blessures dangereuses de l'iris.

Speculum utéri.

La plupart des auteurs modernes se sont occupés du perfectionnement du speculum utéri sans le rendre, il faut en convenir, beaucoup plus facile dans son application. Aussi, rien d'original ne se montre dans cette multitude de modifications. Ce sont toujours des valves de formes diverses, comme celles dont se servait Paul d'Egine. Son poids autant que son volume ajoutent encore à ces défauts et en font un instrument fort gênant pour le praticien qui est obligé de le porter avec lui.

Nous venons d'en construire un qui ne ressemble à aucun de ceux connus jusqu'ici, au moins dans son principe mécanique. Ce speculum est formé de deux anneaux qui s'articulent avec les extrémités de sept branches qui le rendent méplat, lorsqu'on met les anneaux parallèlement aux branches, et tubuleux lorsqu'elles leur deviennent perpendiculaires.

Pour faire fonctionner notre speculum, il suffit d'imprimer un mouvement de bascules aux anneaux à l'aide du levier et du point d'appui.

Lorsqu'on veut appliquer le speculum, on le saisit à pleine main par l'extrémité qui est armée du levier pour présenter son bout opposé parallèlement à la fente vulvaire ; on le fait pénétrer lentement dans la direction de l'axe du vagin et dès que le speculum est engagé tout entier, la main gauche s'empare du point d'appui et demeure immobile, tandis que la main droite saisit le levier qui lui est opposé pour le tirer d'arrière en avant. Le spéculum alors s'ouvre, distend la membrane vaginale qu'il met à découvert aussi bien que le museau de tanche qu'on voulait examiner.

S'il arrivait qu'on voulût cautériser le col utérin avec un caustique liquide, on engagerait une goutière mince en argent, qui préviendrait la corrosion de la muqueuse vaginale.

Avantages du Speculum.

Réduit au vingtième de son volume lorsqu'il est fermé, il pénètre sans efforts dans le vagin, dont il met à découvert la muqueuse et le col utérin.

Son poids très minime et la forme applatie qu'il présente fermé permettent de le placer facilement dans une trousse ordinaire.

M. Charrière, un de nos plus habiles fabricants d'instruments de chirurgie, rue de l'École de Médecine, à Paris, a construit avec une grande perfection, tous les instruments que nous venons de décrire ici et qui sont connus sous notre nom.

EXPLICATION DES PLANCHES.

PLANCHE 1ʳᵉ.

Fig. 1. Pessaire dilatable. Ce pessaire est d'un très grand diamètre et convient dans les cas d'amplitude considérable du vagin. Réduit à des proportions moindres il convient dans la majorité des cas.

Fig. 2. Cette figure représente le pessaire précédent fermé pour pénétrer dans le vagin.

Fig. 3. Dilatateur de l'urètre ouvert.

Fig. 4. Dilatateur de l'urètre avant son introduction.

Fig. 5. Spéculum à grille et articulé; son extrémité utérine arrondie dispense d'un ambout et favorise son introduction, n'offrant pas plus d'un centimètre d'épaisseur il est facilement contenu dans une trousse ordinaire.

Fig. 6. Spéculum précédent, ouvert et maintenu immobile dans ses articulations, par un levier demi-circulaire que saisit la main de l'opérateur.

PLANCHE 2.

Fig. 1. Aiguille emporte-pièce pour l'opération de la pupille artificielle. Cette aiguille est représentée ouverte pour faire voir son mécanisme.

Fig. 2. Aiguille précédente vue dans sa plus grande largeur et fermée pour pénétrer dans la cornée.

Fig. 3. Aiguille double à cataracte, *avant l'opération*, la portion du cercle qui est faiblement tracée et opposée à la pointe indique la place que devra occuper la double lame qui n'est pas apparente.

Fig. 4. Aiguille précédente ouverte *pendant l'opération*. On voit un petit cercle qui représente le cristallin, et sur lequel doivent s'appliquer les deux lames de l'aiguille.

Fig. 5. Autotome oculaire vu après l'opération.

Fig. 6. Kératotome précédent avant l'opération.

Fig. 7. Ciseaux articulés entr'ouverts pour laisser voir le levier qui oblige les branches à glisser l'une sur l'autre dans l'éloignement ou le rapprochement des anneaux entre eux. L'ouverture oblongue de l'entablure favorise le mouvement de scie ou de glissement.

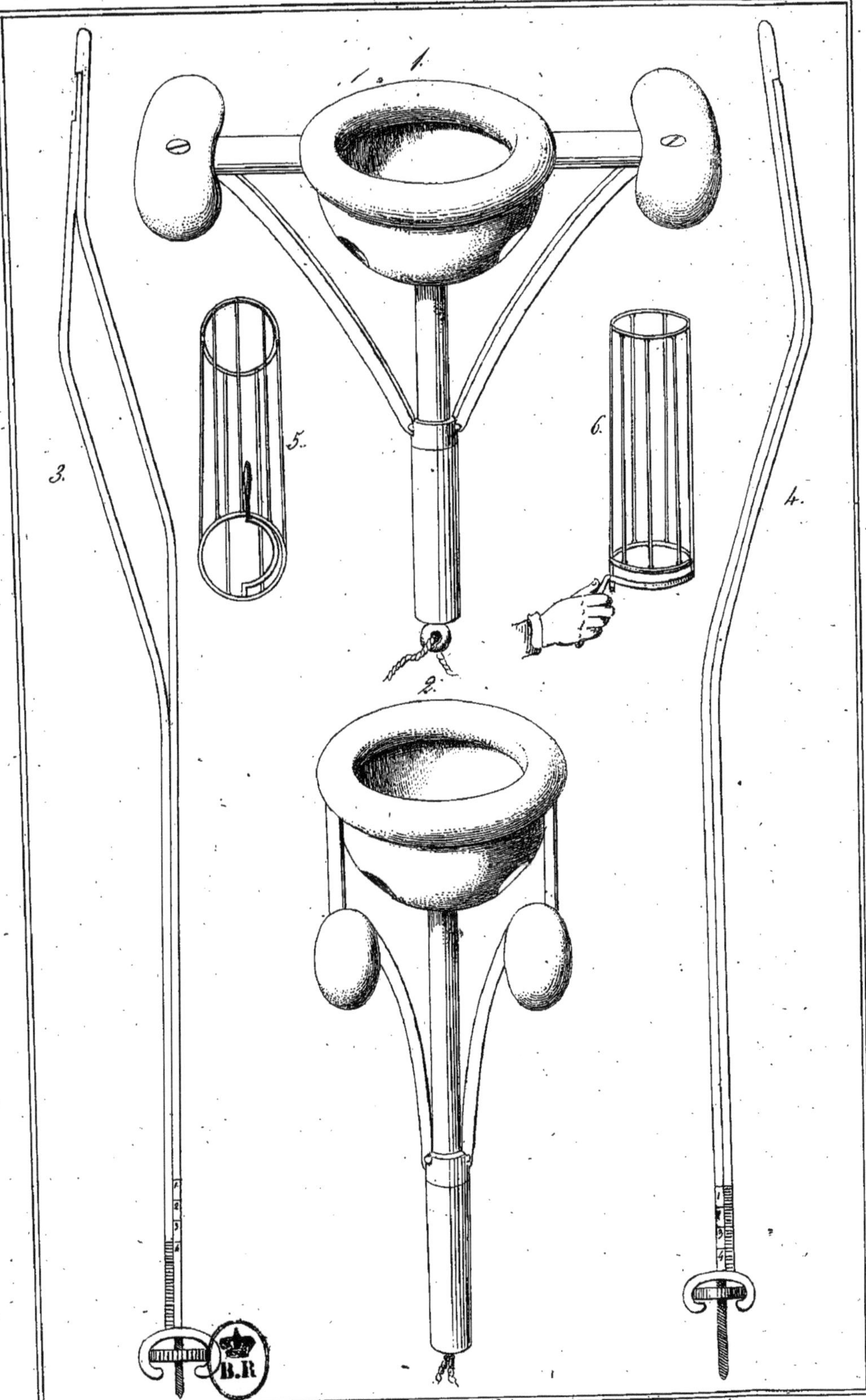

1.
3.
5.
6.
4.
2.
B.R
Is. Meyer, lith. r. des V.-Augustins, 21.

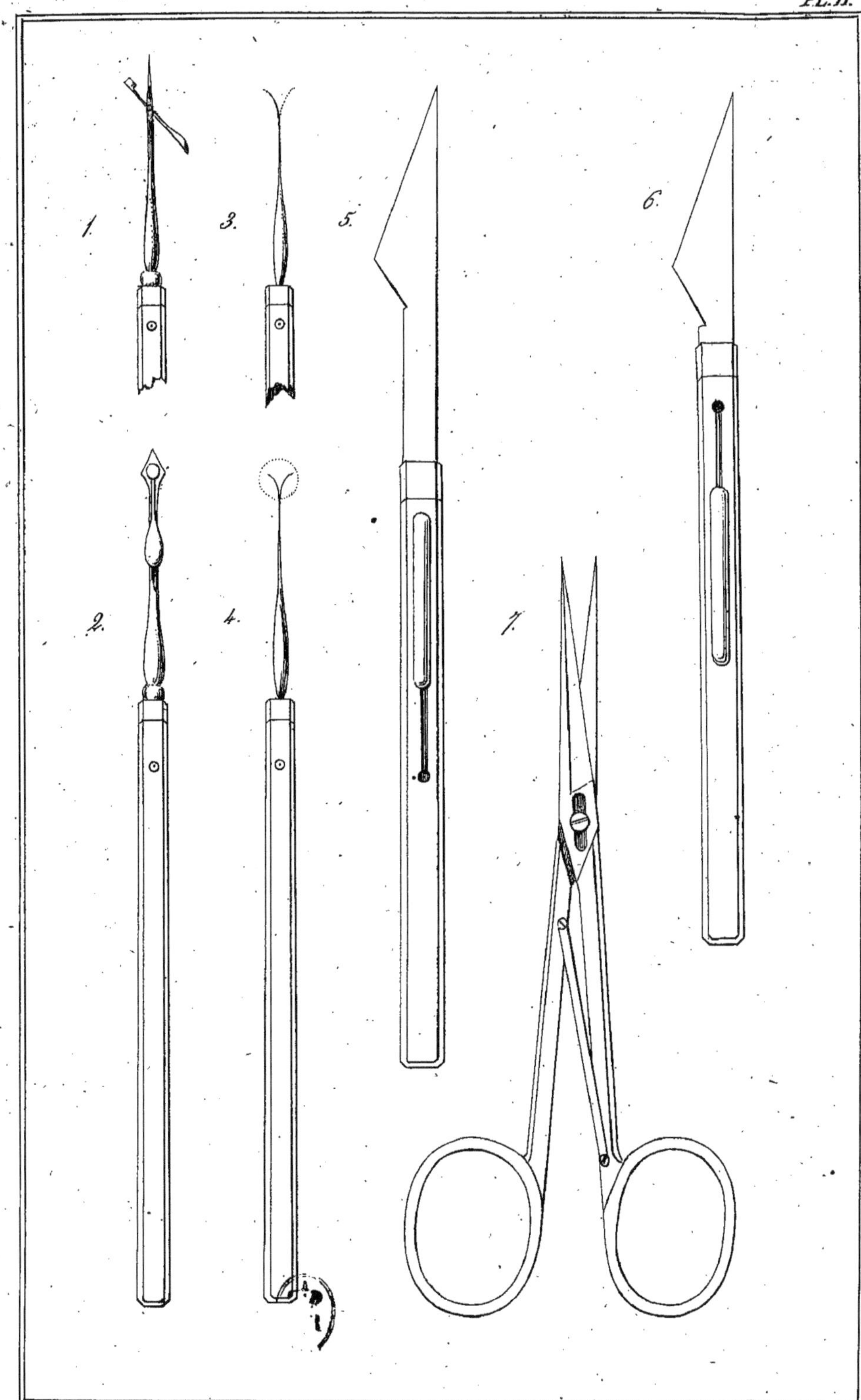

1
3
5
6
2
4
7

www.ingramcontent.com/pod-product-compliance
Ingram Content Group UK Ltd.
Pitfield, Milton Keynes, MK11 3LW, UK
UKHW021355100726
13657UKWH00006B/2079